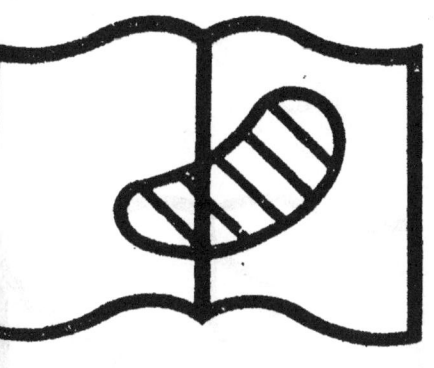

Illisibilité partielle

Contraste insuffisant
NF Z 43-120-14

Valable pour tout ou partie
du document reproduit

Couvertures supérieure et inférieure en couleur

Couvertures supérieure et inférieure détériorées

MATÉRIAUX

POUR

L'HISTOIRE PRIMITIVE ET NATURELLE

DE L'HOMME

Revue Mensuelle Illustrée

dirigée par

M. ÉMILE CARTAILHAC

ED. PIETTE

Note sur les tumulus de Bartrès et d'Ossun.

PARIS. — Ch. REINWALD, libraire,
Rue des Saints-Pères, 15

1882

SOMMAIRE DE LA LIVRAISON DE JANVIER

	Pages
G. Ossowski : Etat des recherches dans les cavernes en Pologne. *Avec deux planches doubles.*	4
A. de Quatrefages : Note sur l'homme fossile de Lagoa-Santa (Brésil) et ses descendants actuels..	24
E. Cartailhac : A propos de la note précédente, résumé de la notice de Lund sur des ossements humains fossiles trouvés dans une caverne du Brésil..	26
Dr Ingvald Undset : Le commencement de l'âge du fer dans le nord de l'Europe ; Etude d'archéologie préhistorique comparative. — Etudes sur l'âge de bronze de la Hongrie. — De l'ancien âge de fer de la Norvège. (Bibliographie par E. Beauvois)	34
Edward B. Tylor. Discours présidentiel à l'Institut anthropologique de la Grande-Bretagne et d'Irlande..	39
Société d'anthropologie de Paris, séances du 4 août au 2 novembre.	45

Nouvelles et correspondances

Cours d'anthropologie à la Faculté des sciences de Lyon. Offre de photographies. Création d'une école d'administration des musées nationaux 48

PRIX D'ABONNEMENT

Pour la France et pour l'Etranger (Union postale), 15 francs.

Il reste un très-petit nombre de collections complètes. 2e Série : 10 volumes, 150 fr.

Le meilleur mode d'abonnement est l'envoi d'un mandat postal à l'ordre du Directeur, 5, rue de la Chaîne, à Toulouse. Le talon sert de quittance. On s'abonne aussi par l'entremise des Libraires.

Le tome V 1875 et les livraisons ne se vendent pas séparément.

*Monsieur L. Delisle
hommage de l'auteur*

NOTE
SUR
LES TUMULUS DE BARTRÈS & D'OSSUN

NOTE

SUR

LES TUMULUS DE BARTRÈS & D'OSSUN

PAR

M. Edouard PIETTE

EXTRAIT DE LA REVUE :

MATÉRIAUX POUR L'HISTOIRE PRIMITIVE DE L'HOMME

XVIIe ANNÉE. — TOULOUSE. 1881.

TOULOUSE

IMPRIMERIE DURAND, FILLOUS & LAGARDE

1881

NOTE SUR LES TUMULUS DE BARTRÈS & D'OSSUN

Entre Lourdes, Bartrès, Ossun, Ger et Pontacq s'étend un vaste plateau couvert d'ajoncs et de fougères où l'on voit, dans toutes les directions, s'élever des tumulus de dimensions différentes. Il a 14 kilomètres et demi de longueur du nord au sud, entre le polygone de Ger et le village de Bartrès, et 5 kilomètres 8 hectomètres de largeur entre Ossun et Pontacq. C'est un champ de repos où les anciens habitants de ce pays ont déposé la cendre de leurs morts, selon les rites en usage en leurs temps. M. Letrône signala le premier cette nécropole. Dès l'année 1870, il attira sur elle l'attention et fit remarquer l'analogie d'aspect de ses tertres funéraires avec ceux de la Bretagne. M. Bourbier en publia le plan. Plusieurs personnes, notamment M. Dufourcet et le général de Nansouty, y firent, sans succès, des fouilles, pour en déterminer l'âge. Plus heureux, le colonel Pothier, directeur de l'école d'artillerie de Tarbes, ayant remarqué les tombelles qui s'élèvent dans le champ de tir de Ger, en fit ouvrir plusieurs, en 1879, et y recueillit de nombreux vases, une hache polie et une pointe de lance en silex. Le compte-rendu de ses découvertes a été publié dans les *Matériaux*. (Voir *Matériaux*, t. XII, 1881, p. 209).

Depuis longtemps je me proposais de fouiller divers tumulus de ce plateau. Je mis mon projet à exécution pendant l'hiver de 1879 à 1880. Mais pour ne pas troubler les recherches du colonel Pothier qui explorait le nord de la nécropole, je confinai les miennes dans le sud, à l'ouest des bois, sur la lande de Bartrès et sur la partie méridionale de la lande d'Ossun, limitant vers le nord le champ de mes explorations aux steppes qui s'étendent au-delà de la ferme de Céris.

Parmi les tertres funéraires que j'ai fouillés, les uns datent des temps néolithiques, les autres des temps protosidériques. Quelques-uns, présentant des caractères ambigus, paraissent appartenir à une époque intermédiaire.

ÉPOQUE NÉOLITHIQUE

Les tombelles néolithiques sont les plus élevées et les plus rares ; elles renferment généralement un dolmen ou une allée couverte. Je n'en ai rencontré que deux bien caractérisées dans la partie du plateau que j'ai fouillée : le Pouy-Mayou (1) et le Pouy de la Halliade. Pouy, en gascon *Pouey*, en français *Puy*, en catalan *Puig*, sont des mots formés du même radical, et qui tous signifient éminence, hauteur. Ici *Pouy* a le sens de tertre, butte.

Le Pouy mayou. — Le Pouy-Mayou est, comme son nom l'indique, la plus grande tombelle de toute la lande. Il la domine au loin. Son sommet a 550 mètres d'altitude au-dessus de la mer. Situé dans le territoire de Bartrès, à l'est de la ferme de Céris, il a 45 mètres de diamètre et 3 mètres 60 centimètres de hauteur.

Quand j'en ai commencé la fouille, il présentait à l'est une échancrure faite par les paysans qui en avaient enlevé de la terre pour les besoins de leur culture. On m'a rapporté qu'en piochant et en chargeant leurs chars, ils avaient découvert une sépulture contenant des vases et une épée si solide que, pendant longtemps, à la ferme de Céris, on s'en était servi pour piquer des volailles que l'on rôtissait à son extrémité. Cette grande solidité conservée par cette arme, dans un sol où le fer s'oxyde et se détruit rapidement,

---

(1) Prononcez *Pou-ie, ma-hiou* et non *Pou-i mé-ou*.

semble indiquer qu'elle était en bronze. Mais les archéologues ne doivent accepter qu'avec réserve les dires des paysans.

Je fis ouvrir vers le milieu de la tombelle une tranchée dirigée de l'ouest à l'est, dont la profondeur atteignit $4^m,70$. Elle descendit donc à $1^m,10$ au-dessous du niveau du sol de la lande. Dès les premiers coups de pioche, je rencontrai une borne géodésique, placée par les officiers de l'état-major lorsqu'ils firent la triangulation de cette région. A $1^m,35$ de profondeur, j'atteignis une couche horizontale et lenticulaire de cendres, de charbons et d'ossements calcinés réduits en petites parcelles, reposant sur de la terre durcie et rougie par le feu. Elle a 20 mètres de diamètre et 10 centimètres d'épaisseur en moyenne. C'est le reste d'un immense bûcher qui dut brûler pendant plusieurs jours et plusieurs nuits pour laisser des vestiges si considérables. J'y ai recueilli un éclat de silex.

En continuant à creuser, je mis à découvert, à 21 centimètres plus bas, une seconde couche de cendre et de charbons mêlés à des parcelles d'ossements calcinés. Celle-ci, dont l'épaisseur est de 5 à 10 centimètres, s'étend plus loin vers l'ouest et se termine vers l'est à 5 mètres au-delà du centre du tumulus.

A $1^m,60$ de profondeur, je rencontrai le toit d'un vaste dolmen.

Mesuré extérieurement, il a $7^m,37$ de longueur de l'est à l'ouest, $4^m,30$ de largeur au levant et $3^m,70$ au couchant. Sa longueur à l'intérieur est de $6^m,65$; sa largeur de $3^m,40$ à un bout et de $2^m,50$ à l'autre. C'est un caveau construit en pierres brutes, ayant à l'intérieur $2^m,60$ de hauteur à l'est et moins de 2 mètres à l'ouest. Il est fermé au couchant par une seule pierre bleuâtre, gréseuse, schistoïde, et au levant par une grande dalle granitique contre laquelle s'appuie, vers l'angle nord-est, une porte rectangulaire en grès jaune, calée par un rectangle de grès plus petit. Deux grandes pierres de granit forment sa paroi méridionale, et cinq dalles, dont trois de grès et deux de granit, composent sa paroi septentrionale. Il était couvert par quatre grandes dalles, dont trois en granit et une en grès; mais soit que le poids des terres ait été trop fort, soit que des chercheurs y aient pénétré, en brisant son plafond, pour en recueillir le mobilier, une seule dalle, celle de l'est, est resté eintacte. Les autres, cassées en deux ou réduites en fragments plus nombreux, sont tombées dans l'intérieur du monument. Des galets ayant de 30 à 50 centimètres de diamètre entourent le dolmen d'une véritable muraille non cimentée qui n'a pas moins de 3 mètres d'épaisseur au levant.

Les pierres des parois descendent au-dessous du niveau du sol de la lande. Il y en a qui pénètrent à plus de 1 mètre de profondeur. La première chose que l'on fit pour construire le dolmen, fut donc de les dresser et d'enfoncer leur base dans des trous préparés à l'avance pour qu'elles restent droites, maintenues par la terre. Ce fut une opération assez difficile, car celle qui ferme le caveau, au levant, a $3^m,53$ de longueur, $2^m,62$ de hauteur et $0^m,40$ d'épaisseur, et l'une de celles qui forme la paroi du sud a $3^m,40$ de longueur, $2^m,40$ de hauteur et $0^m,48$ d'épaisseur.

Ensuite il a fallu placer horizontalement en les faisant reposer sur la tranche de celles-ci, les dalles de recouvrement dont une, celle de l'est, a $4^m,47$ de longueur, $2^m,56$ de largeur au maximum et $0^m,40$ d'épaisseur. Il est probable qu'avant de les hisser, l'on maintint l'écartement des parois par des pièces de bois; puis l'on forma contre les murs, à l'extérieur, un talus de terre qui permit d'élever les pierres au moyen de rouleaux et de leviers sur un plan incliné. L'intérieur du caveau dut être aussi rempli de terre pour faciliter leur mise en place. Quand le gros œuvre fut terminé, l'on plaça des ardoises et de petites dalles dans les interstices des grandes, afin d'empêcher la terre de pénétrer dans l'intérieur, puis l'on recouvrit le tout d'une couche d'argile blanche ou jaune pour empêcher les infiltrations de l'eau.

Dans l'intérieur du dolmen, l'on fit d'autres aménagements. Après l'avoir débarrassé des terres et des étais, on creusa le sol à 58 centimètres de profondeur, on y plaça une couche d'argile plastique jaunâtre de $0^m,30$ d'épaisseur; on la recouvrit horizontalement de quelques dalles d'ardoise, laissant entre elles de grands intervalles. Au-dessus l'on étendit de l'argile plastique d'un gris noirâtre, et l'on en forma une assise de 28 centimètres. Cette couche supporte un plancher horizontal d'ardoises juxtaposées qui la sépare d'une couche de terre glaise blanche ayant 40 centimètres d'épaisseur. Entre cette glaise et le plafond, restait un espace vide ayant $1^m,50$

de hauteur. Ce fut dans cette chambre que l'on assit les morts. Leurs ossements ont presque complètement disparu; car, en la lande de Bartrès où le sol est complètement dépourvu de calcaire, les os ne peuvent durer longtemps. Il paraît y avoir eu deux cadavres, l'un vis-à-vis de l'autre, au nord et au midi, adossés contre le milieu des parois. Au-dessus d'eux s'avançaient deux dalles, comme des cales, sur lesquelles reposait le plafond, posées, en réalité, pour indiquer la place des corps. J'ai recueilli quelques restes d'ossements, notamment un fragment de crâne, sur les aspérités des dalles placées debout et à un niveau peu éloigné de celui des pierres de recouvrement. La position de ces os prouve bien que les cadavres ont été déposés assis comme je viens de le dire. Sous eux, dans l'argile blanche étaient, du côté du nord, un couteau en silex semi-cachalonné, et du côté du sud, une amulette en or pur, ayant la forme d'une olive ou d'un plomb de filet très-allongé, percée par le milieu dans le sens de la longueur et pesant 4 louis. Je ne découvris aucun vestige de poterie, si ce n'est deux petits tessons de vases grossiers jetés dans un coin du dolmen.

L'exiguité de ce mobilier funéraire fit penser à plusieurs personnes que j'avais été volé; et voici ce qui donna certaine créance à ce bruit : Un jour, après avoir passé presque toute la journée avec les ouvriers qui faisaient la fouille, je partis pour Eause quelques heures avant le coucher du soleil, les laissant sans le chef de l'atelier. Le lendemain, au moment où je venais d'arriver chez moi, je reçus un télégramme ainsi conçu : « *Trouvé collier or et couteaux ivoire.* » Celui qui m'avait envoyé le télégramme était un propriétaire de Lourdes. Il avait porté la même nouvelle chez ses amis, leur annonçant la découverte d'un collier composé de dix-huit olives d'or, mais ne leur en montrant qu'une seule qu'il s'était fait remettre par le surveillant des ouvriers. Je m'empressai de revenir à Bartrès. Mais il ne me présenta qu'un couteau en silex et l'amulette dont je viens de parler, avouant d'un air confus qu'il avait amplifié les faits, dans la conviction où il était, qu'avant mon arrivée, on aurait trouvé d'autres éléments de collier. Je le savais de race gasconne et d'un caractère conforme à son origine. Je le crus facilement. Pourquoi supposer un vol, quand un peu de hâblerie explique tout ? Dans presque tous les dolmens où l'on a trouvé de ces sortes de perles d'or, on n'en a recueilli qu'une seule. Sans doute, il dut y avoir, aux temps néolithiques, des hommes assez riches pour en avoir un collier complet. Mais il semble que ces olives aient été le plus souvent placées isolément dans les parures. Les figurines sculptées dans la craie des grottes de Baye ont au col un collier qui ne paraît formé que d'une cordelette passant dans une olive d'or suspendue sur la poitrine comme une amulette. (Voyez de Baye, *L'Archéologie préhistorique*, pl. I et II. — Voyez aussi *Matériaux*, 2e série, t. XII, fig. 140 et 141.) Voilà pourquoi j'ai désigné sous le nom d'amulette l'olive d'or de Puyo-Mayou. Dans la pl. XIX, fig. 2, j'en ai fait représenter cinq semblables pour montrer comment elles pouvaient être employées comme éléments d'un collier.

Faut-il conclure de là que j'ai eu tout le mobilier funéraire de cette tombelle ? Je ne le prétends pas. Ainsi que je l'ai mentionné, plusieurs pierres qui recouvraient cette sépulture ont été fracturées. Leurs débris sont tombés dans la chambre funéraire, entraînant le sol qui les recouvrait. Les couches de cendre qui traversaient le tumulus se sont infléchies au-dessus de ces pierres brisées ou se sont même effondrées dans l'allée couverte, jonchant de charbon, de parcelles d'os brûlés et de morceaux de terre cuite, l'argile blanche de son plancher. Cet état de choses peut être dû à la faiblesse des dalles du plafond, qui n'ont pu supporter le poids des terres superposées ; mais il peut être aussi le résultat d'une fouille faite en forme de puits pour descendre dans le caveau. L'absence de poterie dans ce tombeau situé sur une lande où tous les dolmens renferment des vases en grand nombre, et la découverte de deux petits fragments de vases dont je n'ai pu, malgré mes recherches, retrouver les autres morceaux, me portent à penser qu'à une époque indéterminée, la sépulture a été violée, que tout ce qui s'y trouvait a été emporté, et que si les objets que j'ai recueillis ont échappé à la personne qui, la première, a fouillé la tombelle, c'est parce qu'ils s'étaient enfoncés dans l'argile blanche du plancher.

Les deux couches de cendre superposées au dolmen se rapportent-elles à cette sépulture ? Elles ne sont pas les restes de bûchers ayant servi à brûler les morts enfermés dans la chambre funéraire, car les cadavres paraissent avoir été placés intacts contre la muraille. Elles s'étendent toutes deux au-dessus du dolmen et se prolongent au-delà. On n'aurait pu pénétrer dans le caveau, pour y placer des urnes funéraires, sans les faire effondrer. Elles ne peuvent donc être que le vestige de feux allumés pour le festin des funérailles, ou plutôt les restes de bûchers élevés pour consumer des corps à une époque postérieure à la construction du dolmen. Leur épaisseur justifie cette dernière hypothèse, et la découverte faite par des paysans, à l'est du tombeau, d'une sépulture où l'on aurait trouvé, selon ce que l'on rapporte, des vases et une épée, la rend très-vraisemblable.

Les pierres dont sont formés les dolmens ont, en certains pays, été amenées de très-loin. Il n'en a pas été de même à Bartrès. Il a suffi de les prendre sur la lande où le glacier d'Argelès les a charriées. Toutes celles que l'on voit dans les monuments funéraires de ce plateau ont la même origine, à l'exception des dalles de grès qui ont été arrachées, dans les environs, à des couches stratifiées. Cà et là, parmi les fougères et dans les bois, on trouve encore des blocs isolés de granit, aux arêtes à peine émoussées, que l'on n'a pas utilisés dans les sépultures. On en a rencontré jusque près du polygone de Ger, à quelques mètres de la route qui conduit de Tarbes à Bayonne. Leur présence à 14 kilomètres au-delà des moraines d'Adée, prouve, ou que le glacier s'est étendu autrefois plus loin que l'emplacement où elles se trouvent, ou qu'à la suite d'une immense débâcle arrivée subitement, des glaces flottantes contenant des blocs enchâssés, entraînées par une inondation considérable, sont venues s'échouer sur le plateau de Ger où elles ont abandonné, en se fondant, les pierres qu'elles recelaient dans leur masse. J'incline pour cette dernière hypothèse, parce que l'on ne rencontre pas de moraine frontale au-delà de la région des blocs erratiques, et aussi parce que des faits nombreux, qu'il serait inopportun d'énumérer dans une note sur des tumulus, tendent à prouver que la période glaciaire s'est terminée par un véritable cataclysme.

Tumulus de la Halliade. — Cette tombelle a 24^m,20 de diamètre et 2^m,15 de hauteur. Placée au sud du Pouy-Mayou, dans la lande de Bartrès, elle domine au loin le pays environnant. Aussi la choisit-on tous les ans pour dresser le bûcher des feux de la Saint-Jean. De là probablement son nom de halliade qui paraît avoir le même radical que hallier. M. le baron de Saint-Saud, auteur d'un bon article sur les tumulus du grand plateau de Bartrès et de Ger, écrit *halhade* et non halliade, par la raison, dit-il que, dans l'orthographe gasconne, le *lh* se prononce comme *ll* mouillées françaises. J'ai préféré écrire le mot comme il se prononce dans notre langue.

Pour commencer la fouille, j'ai ouvert, de l'est à l'ouest, une tranchée passant par le milieu du tertre. Les feux de la Saint-Jean n'ont laissé que peu de trace à sa surface. Chaque année la pluie et le vent en ont balayé les vestiges. A 80 centimètres de profondeur, s'étend, dans la tombelle, une couche horizontale de cendre et de charbon ayant 5 centimètres d'épaisseur, reste d'un bûcher sur lequel on a brûlé un cadavre. Les ossements calcinés du mort, réduits en petites parcelles, ont été recueillis dans une urne de forme protosidérique que j'ai trouvée dans la cendre à un mètre au sud du centre du tumulus.

Cette découverte ne m'a pas empêché de poursuivre la fouille. C'est une faute de la cesser quand la hauteur de la tombelle est telle que, sous la plate-forme d'incinération, il y a encore place pour un monument mégalithique. Les tertres funéraires de l'époque néolithique ont été, pendant longtemps, des lieux sacrés, et ils ont conservé ce caractère, même après l'introduction des métaux en Gaule.

Les hommes armés du fer se sont plu à grouper, autour d'eux, leurs propres sépultures, et plus d'un chef a placé dans la terre l'urne cinéraire d'une personne aimée, au-dessus du dolmen respecté.

A $1^m,05$ centimètres de profondeur, la pioche des ouvriers rencontra la partie supérieure d'une allée couverte parallèle à la chaîne des Pyrénées dont on découvre le panorama du plateau de Bartrès. La longueur de ce monument est de $14^m,20$, sans l'épaisseur des grosses pierres qui en ferment les extrémités. Sa largeur à l'intérieur varie de $0^m,53$ à $0^m,70$. Je ne pense pas que l'on en ait, jusqu'à présent, signalé de si étroit. Une allée latérale ayant $1^m,55$ de longueur et 0ᵐ,75 de largeur s'embranche perpendiculairement sur l'allée principale, à 1ᵐ,70 de son extrémité occidentale.

Celle-ci contient huit chambres séparées par des dalles schisteuses, on dirait autant de cellas alignées bout à bout, mais limitées entre elles par des cloisons qui généralement n'atteignent pas jusqu'au plafond. La première (en les comptant de l'ouest à l'est) commence à 6ᵐ,80 du bord occidental du tumulus, elle a 1ᵐ,70 de longueur et 0ᵐ,57 de largeur. Elle ne contenait rien. Il en était de même de la seconde qui a 1 mètre de longueur, 0ᵐ,60 de largeur, et de la troisième qui a 1ᵐ,80 de longueur et 0ᵐ,60 de largeur. La quatrième a un plancher d'ardoises juxtaposées reposant sur une couche d'argile plastique grise, apportée par ceux qui ont construit la sépulture. Cette chambre a 3ᵐ,90 de longueur, 0ᵐ,55 de largeur et 1ᵐ,10 de hauteur du plancher au plafond. J'y ai recueilli 14 vases, les uns grossiers, en terre si mal cuite qu'une pression peu considérable suffisait pour les déformer quand ils venaient d'être retirés du caveau, et en conservaient encore l'humidité, les autres ornementés et bien cuits. Parmi ces derniers, les plus remarquables ont des anses multiples et sont destinés à être suspendus; vus de dessous, ils ne sont pas sans élegance. Leurs pieds nombreux forment une couronne au milieu de laquelle le potier a tracé des cercles parfaitement ronds que l'on croirait faits avec le compas (voyez pl. XVI, fig. 1 et 2). Les vases de cette forme sont nombreux dans les sépultures néolithiques des plateaux sous-pyrénéens de la Haute-Garonne, des Hautes-Pyrénées et des Basses-Pyrénées. Un grand vase ayant la panse arrondie, le col confondu avec la panse et l'ouverture en retrait, renfermait deux pésons de fuseau en terre cuite (voyez pl. XIX, fig. 6), et deux ou trois petites parcelles d'ossements calcinés. J'ai trouvé, sur le plancher, une pointe en quartzite sans bulbe de percussion (Voyez pl. XV, fig. 7). J'y ai recueilli aussi quelques éclats de pierre schisteuse tendre présentant grossièrement la forme de flèches et de couteaux. Ces éclats, que l'on casse facilement entre les doigts, n'ont jamais pu servir d'armes ni d'outils; si leur forme n'est pas due au hazard, ils ne peuvent être que des simulacres. Je les mentionne sans parti pris, suivant l'habitude que j'ai de ne rien omettre dans mes descriptions. J'ai même fait dessiner un de ces éclats en forme de flèche (voyez pl. XV, fig. 11).

La cinquième chambre a $0^m,95$ de longueur, $0^m,60$ de largeur et $1^m,05$ de hauteur. Elle contenait huit vases parmi lesquels il y en a plusieurs en pâte rouge très-fine, ayant la panse arrondie, le col large, indistinct, l'ouverture large, et présentant des zones lisses alternant avec des bandes formées de lignes pointillées (voyez pl. XVII, fig. 3-5). Cette ornementation remarquable, qui paraît dater de la fin des temps néolithiques, était encore en usage à l'époque cébénienne, car j'ai trouvé, dans la grotte de Gourdan, des débris d'urnes semblables au milieu d'une assise qui contenait des silex taillés et du bronze.

La sixième chambre a $2^m,05$ de longueur, $0^m,70$ de largeur, et 1 mètre de hauteur. Elle contenait également huit vases. Sur son plancher d'argile grise, non revêtue d'ardoise, j'ai recueilli les grains d'un collier de calaïs taillés en forme de petits cylindres perforés suivant leur axe (voyez pl. XIX, fig. 3). On a trouvé de la calaïs dans les dolmens de la Bretagne et dans ceux du Portugal ; mais jusqu'à présent, on n'en avait pas rencontré dans ceux du midi de la France. Le mobilier funéraire de la galerie de la Halliade comble cette lacune. Avec les grains de ce collier était une lame d'or formée de feuillets très-fins unis les uns aux autres par le martelage (voyez pl. XIX, fig. 3). L'or a été fréquemment trouvé dans les dolmens de la Bretagne. Son apparition caractérise la fin de l'époque néolithique. On l'a rencontré aussi dans des allées couvertes cébéniennes du midi de la France. Il est intéressant de voir le procédé du martelage employé à de si lointaines époques, dès la découverte du premier métal.

La septième chambre a $0^m,35$ de longueur et $0^m,70$ de largeur ; elle ne contenait rien et n'était pas couverte. Il en était de même de la huitième qui a $1^m,85$ de longueur et dont la paroi du sud est dégarnie de dalles. Une grosse pierre, qui a $1^m,10$ de longueur, la ferme à l'est et termine l'allée couverte principale.

L'allée latérale ne présente qu'une seule chambre séparée de la galerie principale par une ardoise placée verticalement. Fermée au sud par un amas de galets, elle a $0^m,75$ de largeur et $1^m,55$ de longueur. J'y ai trouvé, sous une pierre, dans l'angle sud-ouest, près de l'entrée, une petite hache polie en grès assez tendre, mais compact (voyez pl. XIX, fig. 4). On rencontre des haches en grès de même nature sur la lande et dans les champs défrichés du plateau de Bartrés. Quoique cette roche, un peu schistoïde, dut mal couper et se fendre facilement, les habitants de ce pays l'ont employée comme matière première, pour la fabrication de leurs armes et de leurs outils, de préférence au quartzite dont les galets sont nombreux sur la lande, mais qui est toujours très-difficile à éclater et surtout à polir.

Les parois de l'allée principale et de la petite allée latérale sont formées de dalles de granit, de grès, d'ardoise et de quartzite, à l'exception de celles de la septième et de la huitième chambre qui sont faites de grands galets quartzeux. Les pierres de recouvrement sont de même nature que les dalles placées debout. On en compte douze. Leur épaisseur est de 15 à 20 centimètres.

Un cromlech interne formé de gros galets non contigus, posés à plat, entoure le caveau sépulcral ; son diamètre est de 20 mètres. La galerie couverte est remarquable par son peu de largeur et de hauteur. Trop étroite pour contenir une rangée de cadavres appuyés contre chacun de ses murs, elle paraît n'avoir été construite que pour recevoir des urnes d'incinérés. C'est à peine si un homme pouvait s'y introduire pour les y déposer, puisqu'en certains endroits elle n'a pas plus de 55 centimètres de largeur et que plusieurs salles n'ont pas 1 mètre de hauteur. Je n'y ai rencontré aucun ossement, si ce n'est les quelques parcelles que contenait une urne renfermant deux pésons en terre cuite. La nature du sol n'a pas été favorable à leur conservation.

La coutume d'incinérer les morts ne s'est répandue dans le pays de Gaule qu'à la fin des temps néolithiques. Ce mode de destruction des cadavres joint aux caractères du mobilier funéraire trouvé dans la galerie de la Halliade permettent d'assigner comme date relative à ce monument, non l'époque cébénienne, puisque l'on n'y a pas recueilli de bronze, mais les siècles qui l'ont immédiatement précédée.

Tumulus de Buala et du point Cazaniérous. — Il y avait, sur la lande de Bartrès, deux autres tumulus qui contenaient des monuments mégalithiques avec des planchers d'argile apportés dans leur intérieur et qui dataient probablement de l'époque de la pierre polie : celui du Guardé ou du Buala et celui du point Cazaniérous. Le général de Nansouty qui les a fouillés n'a rien su y découvrir.

TUMULUS DE DATE INCERTAINE

J'arrive à la description de plusieurs tumulus dont les caractères ambigus ne permettent pas d'indiquer la date avec sûreté. Je n'y ai trouvé que des silex ou des quartzites taillés, et cependant, malgré l'absence du bronze, ils ne paraissent pas remonter jusqu'aux temps néolithiques. A l'époque cébénienne, le silex était en usage autant au moins que le bronze. Le métal manquait encore. Il était importé par des commerçants qui n'en livraient pas le secret. Dans les plateaux sous-pyrénéens, la coutume de l'incinération, dont la conséquence fut la substitution de la cella au dolmen, paraît avoir été en usage longtemps avant que le bronze y fût devenu commun.

Tumulus des deux menhirs. — Ce tertre funéraire, situé dans la lande d'Ossun, sur la rive droite du ruisseau du Mardaing, au sud-est de la ferme de Céris, a 13 mètres de diamètre et $1^m,50$ de hauteur. Vers le milieu, à 95 centimètres au-dessous de la surface du tumulus, la pioche a rencontré une grande dalle placée verticalement sur sa tranche, et dirigée du nord au sud. Sa base repose sur une autre pierre, à 2 mètres de profondeur. Elle a $1^m,94$ de largeur, $1^m,05$ de hauteur et $0^m,35$ d'épaisseur. A quelques centimètres de ses extrémités, dans le même alignement, s'élèvent 2 menhirs internes dont le plus grand a $0^m,85$ de hauteur et $0^m,50$ de largeur. Un cromlech interne, de forme irrégulière, ayant $3^m,20$ de diamètre du nord au sud et $2^m,50$ de l'est à l'ouest, entoure ces pierres alignées. Composé de gros galets non contigus, posés à plat, il présente, au sud, une ouverture ayant 60 centimètres de largeur. Une dalle placée horizontalement repose par un bout sur la pierre centrale et par l'autre sur le bord occidental du cromlech, beaucoup plus voisin de cette pierre que le bord oriental.

Cette dalle a 45 centimètres de largeur et 0^m,90 de longueur. Elle indique la présence, à l'ouest du cromlech, d'une grande cella sans couverture ayant 58 centimètres de largeur, 1 mètre de longueur et 80 centimètres de profondeur.

Deux urnes grossières remplies de cendre et d'ossements humains calcinés ont été trouvées dans cette sépulture. L'une, remarquable par ses pieds nombreux et par les saillies de sa panse que relie une cordelette, rappelle les vases à pieds de la tombelle de la Halliade, mais est loin d'en avoir les formes élégantes (voir pl. XVII, fig. 2) ; elle se trouvait près de la pierre centrale, sous la dalle qui la relie au cromlech. L'autre, sans ornement, était dans la cella. Un troisième vase placé près du menhir septentrional a 35 centimètres de profondeur, contenait un fragment de couteau en silex. Dégradé par les racines des genets épineux, ce vase s'est désagrégé en petits fragments quand on a voulu le prendre.

Ce tumulus est très-remarquable par la présence de ses menhirs internes. Peut-être appartient-il aux temps calceutiques. Sa cella sans toit et son vase à pied, dont la forme indique une époque de décadence par rapport à celle des vases trouvés dans le tumulus de la Halliade, m'incline à penser qu'il ne date pas d'une époque antérieure aux temps cébéniens.

Tumulus du Chali. — Lorsque l'on s'avance du village de Bartrès, sur le plateau couvert d'ajoncs qui forme la partie septentrionale de son territoire, après avoir dépassé la tombelle de Buala et les petits tertres qui l'entourent, on rencontre le menhir appelé Peyre hikadé qui a 1^m,65 de hauteur et 2^m,65 de tour. En continuant à marcher vers le nord, on trouve d'abord un petit tumulus, puis un plus grand, connu sous le nom de *Pouy du Chali* (Butte du Sorbier). Il a 24^m,85 de diamètre et 2^m,34 de hauteur. Je ne l'ai fouillé qu'imparfaitement. A 1 mètre, au nord du centre, est une cella en ardoises, ayant 50 centimètres de largeur et de longueur, et 35 centimètres de hauteur, renfermant de la cendre, des charbons et 25 éclats de quartzite sans bulbe de percussion. On n'y remarque aucune parcelle d'ossement. Le terrain n'est pas de nature à les conserver. Un bloc de quartzite la recouvre. Il a 0^m,70 de longueur et 0^m,50 de largeur. La cendre indique qu'elle a été un lieu de sépulture. Souvent, pendant le premier âge du fer, au lieu de réunir dans une urne les parcelles d'ossements d'un cadavre détruit par la crémation, on les déposait simplement dans la cella. En explorant, avec M. Sacaze, la montagne d'Epiaup, j'ai reconnu de nombreuses sépultures où l'on avait ainsi fait l'économie d'un vase. Ce mode d'inhumation de la cendre d'un mort paraît avoir été en usage dès les temps où l'on se servait encore d'armes et d'outils en pierre. Il y avait, dès cette époque, des ménagères peu désireuses de livrer une partie de leur vaisselle pour un défunt peu regretté, et d'autres trop pauvres pour pouvoir remplacer en les achetant les vases qu'elles auraient donné au mort. On ne peut douter que les fragments de quartzite trouvés dans la cella du tumulus du Chali n'y aient été mis intentionnellement. Les héritiers de l'incinéré n'ont pas cru devoir faire pour lui les frais d'une urne. Ils n'ont pas voulu prendre la peine de lui façonner des armes et des outils de pierre pour qu'il s'en servît pendant la vie d'outre-tombe ; mais, si leur piété n'a pas été jusque-là, ils ont tenu à lui fournir la matière première pour en fabriquer, témoignant ainsi, non de leur attachement pour le défunt, mais de leur croyance à la persistance de l'être. J'ai fait dessiner un de ces éclats de quartzite (pl. XV, fig. 8). Un cromlech interne, formé de pierres roulées non contigues, posées à plat, présentant une ouverture au sud, entoure la cella. Il a 4^m,35 de diamètre. Un autre cercle de pierre ne contenant que de la cendre et du charbon s'étend plus au sud, dans le tumulus. Il a 2^m,50 de diamètre.

Tumulus remanié. — Je désigne ainsi un tumulus innommé de la lande d'Ossun placé à l'est de la ferme de Céris, sur la rive droite du ruisseau, non loin du sommet de la colline. Partout, dans sa masse, j'ai trouvé quelques morceaux de charbon et de rares parcelles d'ossements ayant subi l'action du feu. On dirait qu'après avoir été couvert par un bûcher où l'on a livré un cadavre à la flamme, il a été remanié de fond en comble. Je n'y ai rencontré aucun fragment de poterie, mais j'y ai recueilli un morceau de couteau en silex. J'ai souvent vu, dans les tertres funéraires renfermant des sépultures protosidériques, des fragments de charbons et d'os calcinés disséminés ainsi dans le sol. Ces tumulus, qui dataient peut-être des temps néolithiques, ont été vraisemblablement choisis comme lieux de repos par les hommes qui ont importé le fer en Gaule; mais, avant d'y déposer la cendre de leurs morts, ils les ont bouleversés de fond en comble.

TUMULUS PROTOSIDÉRIQUES.

Autour des tombelles néolithiques s'élèvent, dans les landes de Bartrès, d'Ossun, de Ger, de Pontacq et de Barlest, de nombreux tumulus, œuvre des hommes armés du fer qui, pénétrant dans la région pyrénéenne, en un temps où les traditions de l'époque de la pierre polie n'y étaient pas encore oubliées, voulurent placer leurs propres sépultures dans les lieux respectés où dormaient leurs devanciers sur la terre de Gaule. Ces tertres funéraires présentent presque tous, à une profondeur plus ou moins grande, une couche horizontale de cendre, vestige d'un bûcher où l'on a incinéré un ou plusieurs cadavres. Les ossements calcinés des morts ont été généralement recueillis dans des urnes que l'on a placées sur la plateforme d'incinération et couvertes de terre. D'autrefois ils ont été réunis et mis dans une cella. Dans les plus petits tumulus, ils ont été laissés dans la cendre du bûcher; mais, qu'ils aient été mis dans un vase, dans une cella, ou laissés dans la couche d'incinération, ils ont été presque toujours entourés d'un cromlech interne, qui décrit un large cercle autour d'eux. Ce cromlech sous-tumulus, formé de grosses pierres roulées, posées à plat, contigues ou laissant entre elles des intervalles, est précisément le caractère distinctif des sépultures protosidériques de cette vaste nécropole. M. Sacaze et moi, nous avons signalé un semblable cercle interne de pierres dans le tumulus des *tredze puyos* où nous avons recueilli un fragment de vase rouge, présentant un ornement en forme de grosse cordelette et des saillies permettant d'y adapter une anse ou une corde de suspension. Ce tumulus était assurément le plus ancien du cimetière celtique d'Avezac, non-seulement parce qu'il renfermait ce débris d'urne dont la forme rappelle les temps néolithiques ou au moins ceux qui les ont immédiatement suivis, mais parce que près de lui se sont groupées d'autres buttes funéraires.

On peut donc considérer les tumulus sidériques du plateau de Bartrès et de Ger comme faits à l'époque qui a précédé celle où l'on a élevé la plupart de ceux d'Avezac. Nous en connaissons ainsi la date relative. Toutefois, il faut admettre que la coutume de construire des cromlechs internes a pu se conserver plus longtemps sur ce plateau que sur celui de Lannemezan, en sorte que quelques-uns de ces tertres funéraires à cercles de pierres internes peuvent correspondre à des tertres à cromlechs externes des landes d'Avezac. Sous la réserve de cette remarque, on peut considérer les tumulus à cromlechs internes et ceux à cromlechs externes comme l'œuvre de deux époques successives. Le mobilier funéraire des premiers est peu riche en parures et en armes comparé à celui des seconds. Il a été déposé dans les sépultures par une population plus pauvre ou plus parcimonieuse. La plupart des urnes ne contient que des fragments d'os et des cendres. Quelques-unes renferment un petit culot de bronze semblant provenir de la fusion d'un bijou (voyez pl. XV, fig. 6). D'autres recèlent des débris de couteaux en silex. Dans un vase funéraire, j'ai recueilli un fragment de chaînette en cuivre provenant d'une fibule semblable à celles des cimetières d'Avezac et de l'Italie septentrionale (voyez pl. XV, fig. 9), et je n'ai trouvé de fer que dans une seule sépulture. Le javelot et la fibule que j'y ai remarqués avaient des formes celtiques. Malgré la rareté de ce métal, je n'hésite pas à rapporter tous ces tumulus à l'époque protosidérique, non-seulement parce que javelot, chaînette et fibule ont les formes de cette époque, mais surtout parce que toutes les urnes sont pareilles à celles du cimetière d'Avezac. Ces urnes ne sont que des vases pris dans la vaisselle usuelle. A Bartrès comme dans le cimetière d'Avezac et dans ceux de l'Italie septentrionale, on trouve une preuve touchante de l'affection des parents dans ces grands vases funéraires, où la cendre des enfants dort dans de petites urnes, au milieu de la cendre maternelle.

Quelques tumulus ont deux ou trois couches de cendre superposées, séparées les unes des autres par de minces lits de terre. D'autres ont au centre un amas de pierre formant une assise horizontale dont les bords présentent des anses ou échancrures dans lesquelles les urnes ont été placées.

Je ne mentionnerai pas tous les tumulus protosidériques que j'ai fouillés dans les landes de Bartrès et d'Ossun. J'en décrirai pourtant quelques-uns sommairement, afin d'en faire connaître la composition.

Tumulus du Mort. — Diamètre, 22 mètres ; hauteur, 2^m,60. Il présente deux couches d'incinération, l'une à 0^m,90 de profondeur (elle a 6 mètres de diamètre et 1 centimètre d'épaisseur) ; l'autre à 1^m,25 de profondeur (elle a 2 centimètres d'épaisseur et 3^m,50 de diamètre). Au centre est un amas interne de pierres disposé en couche horizontale, dont le bord jette, de divers côtés, des bras composés de galets juxtaposés, formant des promontoires et enceignant des demi-cercles. Dans ces anfractuosités ont été déposées 4 urnes, la première à 0^m,35 de profondeur (elle a été détruite par les racines des ajoncs) ; la seconde à 0^m,60, elle contenait un lingot de bronze (voyez pl. XV, fig. 6) ; la troisième et la quatrième à 0^m,80 de profondeur : l'une d'elles renfermait un fragment de chaînette de fibule en bronze (voyez pl. XV, fig. 9). Dans l'autre était un fragment de couteau en silex. Un grand cromlech interne formé de galets contigus et posés à plat entoure le pavé central et ses demi-cercles. La hauteur du tumulus est telle que j'avais espéré y trouver un dolmen, mais après avoir poussé la fouille jusqu'à 1^m,72 de profondeur, j'ai cru devoir m'arrêter.

Tumulus de la Mère. — Celui-ci est sur la lande d'Ossun, à l'est du tumulus des deux menhirs. Diamètre, 20 mètres ; hauteur, 2^m,11. A 2^m,55 du bord oriental et à 0^m,80 de profondeur, est une couche d'incinération ayant 4^m,45 de diamètre et une épaisseur de 5 centimètres. Un grand cercle de pierres non juxtaposées, placées assez irrégulièrement, commence à 4^m,60 du bord extérieur. Il entoure un emplacement d'où j'ai retiré plusieurs urnes. L'une d'elles remplie par les os calcinés d'un adulte, grande, ornée de larges sillons, en renfermait une petite dans laquelle avait été déposée la cendre d'un enfant.

Tumulus de la Barraque. — Diamètre, 29 mètres ; hauteur, 2^m,05. Il est situé sur la lande de Bartrès. Au sud du centre, à 11 mètres du bord méridional du tumulus, et à 0^m,60 de profondeur, une urne pleine de débris d'ossements, une fibule de fer et un javelot de même métal étaient placés entre deux grosses pierres.

Tumulus de l'Usclade (lande brûlée). — Diamètre, 23 mètres; hauteur, 1ᵐ,60. Il est situé sur la lande de Bartrès. À 0ᵐ,50 de profondeur, était une couche de cendre et de charbon ayant 2 centimètres d'épaisseur et 3 mètres de diamètre, dans laquelle se trouvait une urne.

Tumulus de Pouey-Peyré. Situé sur la lande de Bartrès, il a 23 mètres de diamètre et 1ᵐ,50 de hauteur. Deux cercles de pierre concentriques dont l'un a 5ᵐ,60 de diamètre et l'autre 13ᵐ,50 s'étendent dans son intérieur. Je n'y ai recueilli qu'une petite urne. Elle était placée à 3 mètres du centre, vers l'est, et à 0ᵐ,20 de profondeur.

Ces exemples suffisent pour faire connaître la disposition intérieure des tertres funéraires de ces landes.

On peut conclure de ce qui précède que les tumulus de Bartrès et d'Avezac, quoiqu'élevés à deux époques successives, sont l'œuvre d'une même civilisation, si non d'un même peuple, puisqu'ils contiennent un mobilier semblable. La différence dans le mode d'inhumation est elle-même peu considérable : elle consiste dans le déplacement du cromlech qui est mis en vue à la surface du tertre, au lieu d'être caché dans son intérieur. Le cours des temps amena d'autres modifications. On n'inhumait d'abord que quelques urnes dans le même tumulus. On en vint à les y accumuler en grand nombre. C'est ainsi que les tertres d'Avezac les moins anciens, élevés en dehors des alignements, ont été transformés en de véritables cimetières. Ce fut le prélude d'une innovation plus considérable dans les rites funéraires : les tumulus et les cromlechs furent supprimés ; on enterra les urnes dans des sillons parallèles, ou on les enfouit çà et là et sans ordre, à une petite profondeur, selon la manière des Belges rémois et suessioniens. Il y a un de ces cimetières que rien n'annonce extérieurement à Callonge, commune de Saint-Pé-Saint-Simon, dans le Lot-et-Garonne, près de Sos. Appelé dernièrement par M. Dat pour déterminer l'âge des antiquités qu'il y avait trouvées, je reconnus qu'elles appartenaient à la même civilisation que celles d'Avezac. Elles sont la dernière expression de l'industrie celtique ; car, dans cette nécropole où la cendre des morts a été déposée de tous côtés, à une petite profondeur, le vase cinéraire celte côtoie le vase romain et l'amphore.

Les sépultures datent donc des temps qui ont immédiatement précédé la conquête de la Gaule, et de ceux qui l'ont suivie. On peut dire qu'elles sont aquitaniennes, car l'Aquitaine était une des trois provinces de la Gaule indépendante quand César en commença la conquête.

Parmi les peuples de la Gaule, il en est qui paraissent n'avoir jamais enterré sous tumulus, ou avoir de très-bonne heure abandonné cet usage. Ainsi, dans la vallée de la Haute-Garonne, M. Sacaze a découvert, près de Saint-Gaudens, des sépultures entourées de cromlechs internes dont aucun amas de terre n'annonce la présence ; et, sur la montagne de l'Espiaup, pendant les explorations que j'ai faites avec lui, nous avons remarqué de nombreux cromlechs externes signalant des cellas cachées dans un sol que ne recouvrait aucun monticule. Les peuples qui avaient ainsi renoncé à élever des tumulus pour y déposer la cendre des morts, durent arriver plus facilement que les autres à enterrer les urnes dans un sol uni et sans cromlech.

Je ne vois aucun inconvénient à considérer les tumulus de Bartrès comme celtiques et construits par les premiers envahisseurs armés du fer ou par des Ibères qui avaient adopté leurs coutumes, puisque le mobilier funéraire, malgré des différences dans le mode d'inhumation des urnes, est le même dans les landes de Bartrès que dans celles de Lannemezan et dans les vignes de Saint-Pé-Saint-Simon.

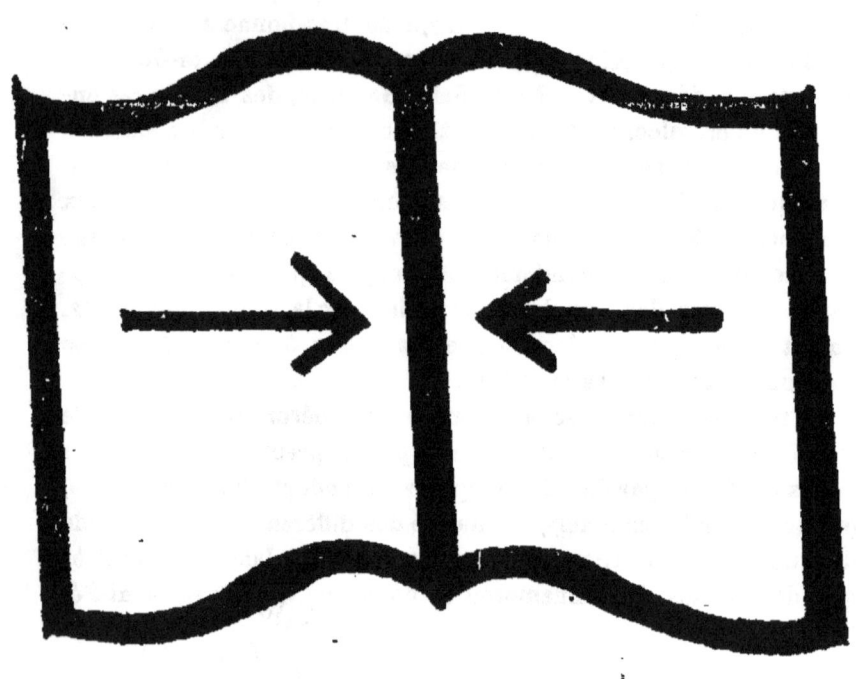

RELIURE SERREE
Absence de marges
intérieures

TUMULUS DE BARTRÈS

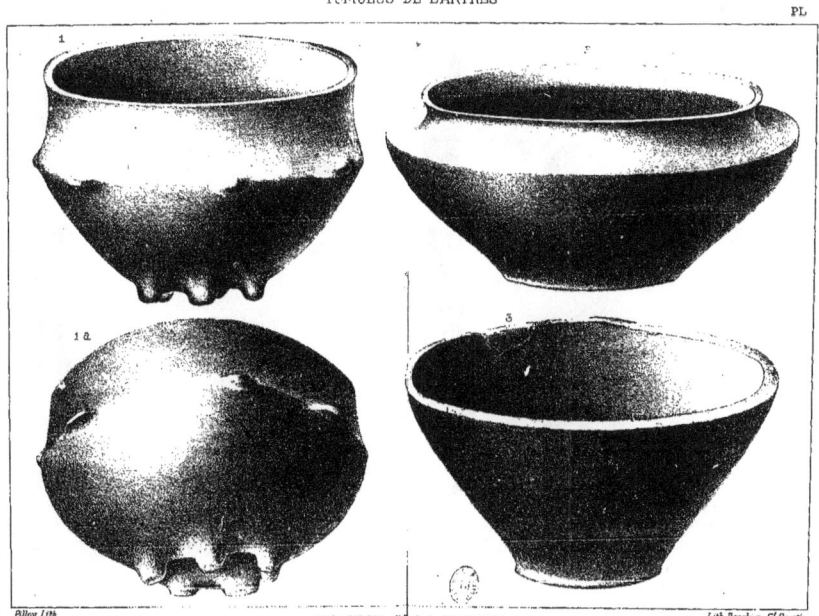

TUMULUS DE LA HALIADE
1.—Vase à anse fibreuse 2.3.—Vases grossiers.

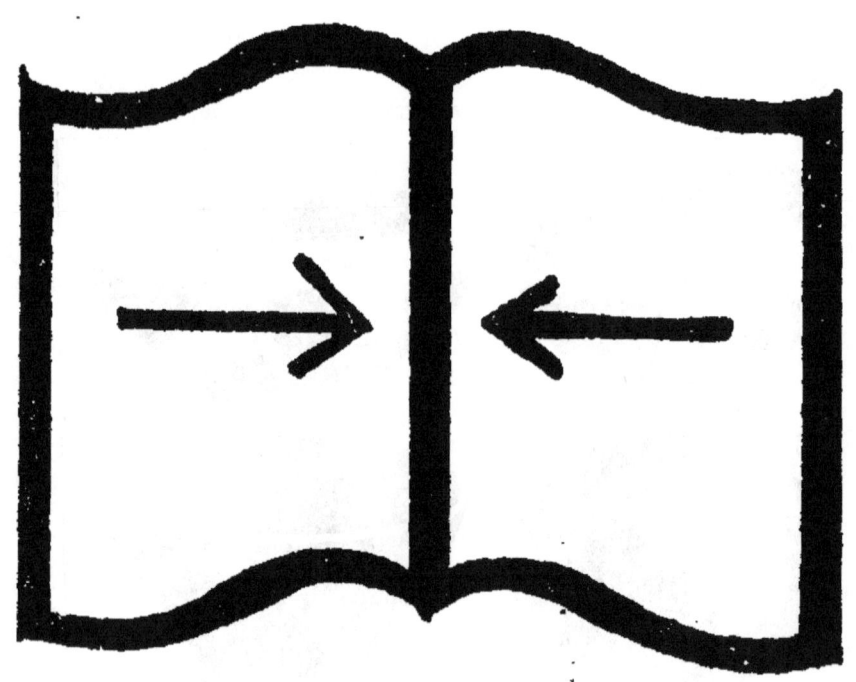

RELIURE SERREE
Absence de marges
intérieures

TUMULUS DE BARTRÈS ET D'OSSUN

Époque Préhistorique
URNES

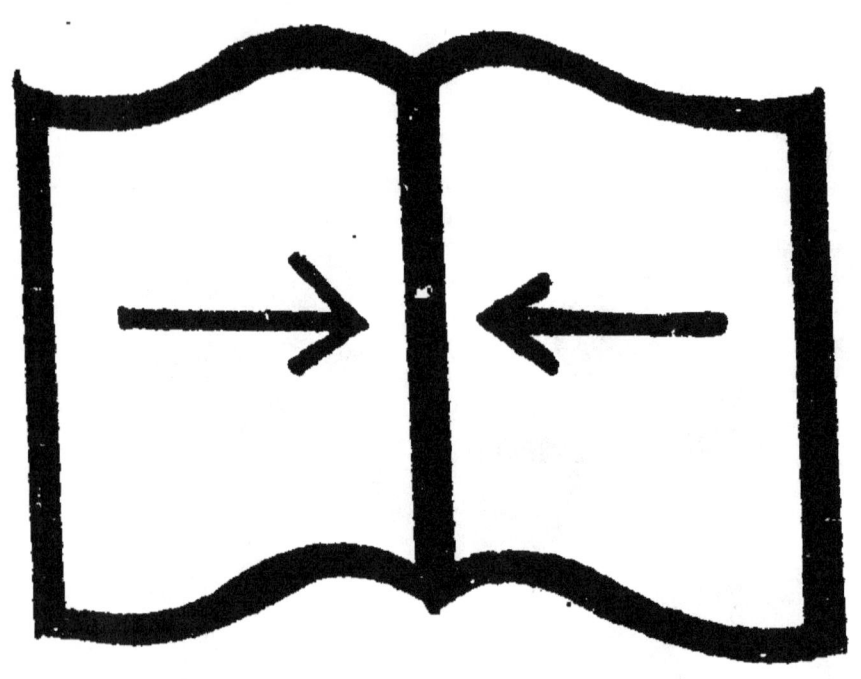

RELIURE SERREE
Absence de marges
intérieures

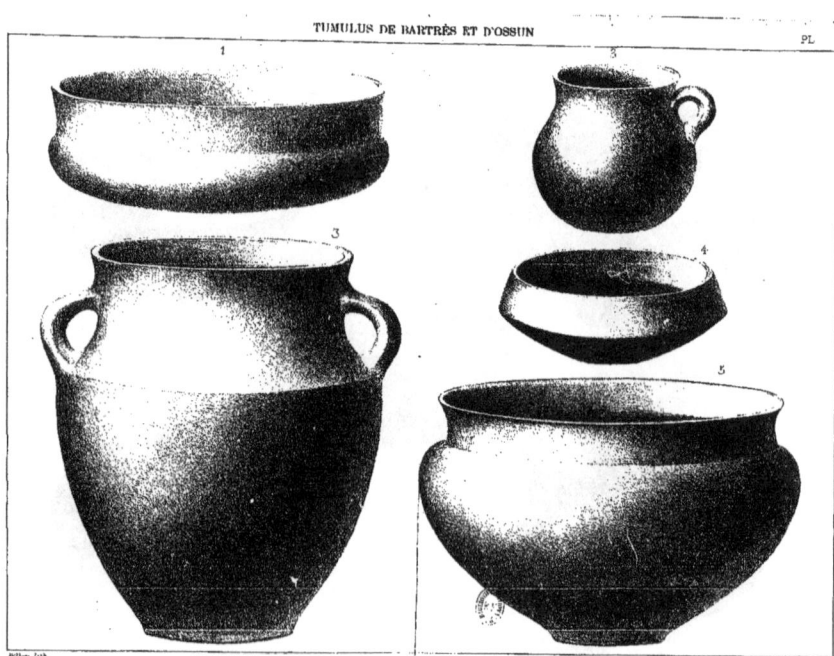

TUMULUS DE BARTRÈS ET D'OSSUN

TUMULUS DIVERS
Époque protosidérique
1.2.4.6 Urnes et Couvercles.

TUMULUS DE LA HALIADE
Époque néolithique
5 Vase.

www.ingramcontent.com/pod-product-compliance
Lightning Source LLC
Chambersburg PA
CBHW060544050426
42451CB00011B/1805